K.K closet

スタイリスト菊池京子の 365 日

Spring—Summer

04.01～09.30

Buona Giornata

prologue

一年、365日をどう過ごすのか。
現実なのか、想像なのか。
去年のことなのか、未来のことなのか。
想像とリアルが入りまじった、
限りなく現実に近い架空のストーリー。
この本の中で紹介しているのは、そんな〝もしも〟の一年。
雑誌でスタイリストとして、皆さんに、この服は？
こんな着こなしは？ って提案しているのとは
まったく違って、本当に私的に、私がどうファッションと
向き合っているのか、すべて私服でさらけ出しています。
気に入って着すぎてる服もあるし、
年に一回しか登場しない服もある。
落ち込んだり疲れたりで、おしゃれできない日もある。
私にとって、そしてきっと多くの女性にとって、
ファッションは喜怒哀楽をともに乗り越え、
時には癒しを、時には元気を、ときめきやかっこよさ、
気品、清潔感、前向きさ、エレガンス、スポーティさ……
いろんなポジティブなエッセンスを与えてくれる、
最高の味方なんだと思います。
まずは4月から9月の春夏編。
超私的 K.K クローゼット。
楽しんでいただけたらうれしいです。

Contents

・商品はすべて本人の私物です。一部のものを除き、現在では取り扱いがございませんので問い合わせはご遠慮ください。
・各コーディネートのアクセサリーやストール等のクレジットに関しては、『K.K closet』のサイト内をご覧ください。

april
4
Pearls, Pink, Balletshoes...
01 TUESDAY
02 WEDNESDAY
03 THURSDAY
04 FRIDAY
05 SATURDAY
9:05 東京駅 名古屋行き
06 SUNDAY
07 MONDAY
08 TUESDAY
09 WEDNESDAY
バーガンディー色 新鮮かも
10 THURSDAY
7.5mm玉が好き
11 FRIDAY
12 SATURDAY
13 SUNDAY
Tシャツニット
14 MONDAY
15 TUESDAY
Birthday
2本ずつほしい

16 WEDNESDAY
パンツのゆるさがいい〜
17 THURSDAY
18 FRIDAY
19 SATURDAY
リネンバード入荷?
20 SUNDAY
13:00〜ピラティス
21 MONDAY
22 TUESDAY
やっぱりバレエシューズが好き!
23 WEDNESDAY
24 THURSDAY
25 FRIDAY
26 SATURDAY
27 SUNDAY
28 MONDAY
29 TUESDAY
中目 20:00 打ち上げ
19:30 AKIRA
30 WEDNESDAY

4 / 01

TUESDAY

芽吹きの春。リスタート。
買い替えたばかりのレペットの
バレエシューズ、BBモデルで
五感を解放して、遠くまで歩く。
いい気分。
それを伝えるのが私の仕事。
シンプルな楽しい毎日の心がけ。

cutsew:SAINT JAMES shirt:Bagutta
pants:Kiton shoes:Repetto
bag:Anya Hindmarch

4 / 02

WEDENSDAY

定番アイテムの着こなしの変化で、新しいトレンドの匂いを肌で感じることがある。
いつものトレンチのインに白シャツじゃなくてトレーナー。
きれいめクロップトじゃなくてピタピタのインディゴデニム。

trench coat:green trainer:AMERICAN RAG CIE
denim:FRAME shoes:Repetto
bag:Anya Hindmarch

4 ／ 03 THURSDAY

今月の雑誌仕事はM誌７月号、
「ブルー」をテーマにした
12ページのファッション特集。
大人に提案するスタイルとしては、
少し大胆になるかも？ ＡＤ（アートディレクター）
Ｆ氏と表参道で打ち合わせ。

knit jacket:45R shirt:Gitman Brothers
pants:Kiton shoes:TOD'S
bag:L.L.Bean

4 ／ 04 FRIDAY

引き続き雑誌の仕事を
手がけつつ、翌日の
トークイベントの
台本を最終確認する。緊張しそう……。
雑誌は夏提案。イベントは春提案。
気持ち切り替えてかないと～。

coat:MACKINTOSH knit:JIL SANDER
cutsew:SAINT JAMES skirt:CARVEN
shoes:Repetto bag:J&M Davidson

4 / 05 SATURDAY

ちょっと前までなら白シャツを
合わせてたスウェットマキシに、
チェックシャツを投入して
リニューアル！　足もとは愛用してる
ナイキのグレースニーカー。
スニーカーはミラノでも今、流行中。

knit:ELFORBR shirt:Thomas Mason
skirt:fredy jacket:YANUK
shoes:NIKE bag:ANTEPRIMA

4 / 06 SUNDAY

久しぶりに読者の方に生で会って
その熱心さ、意識の高さに感激！
おしゃれってなんて女性の
冒険心やわくわく感を
満たしてくれるんだろう。
自分の仕事が大好きになる瞬間。

coat:green trainer:AMERICAN RAG CIE
denim:FRAME shoes:Repetto
bag:Anya Hindmarch

4 / 07 MONDAY

今日は半日OFF〜。
日帰り出張の疲れを取るべく、
部屋を片づけて、アロマも焚(た)いて、
もう、全力でリラックス(笑)。
イベント、よかったなあ。彼女たちを
もっともっとわくわくさせたい。

parka:MUJIRUSHIRYOHIN t-shirt:ZARA
denim:Kiton shoes:Pretty Ballerinas
bag:ANTEPRIMA

4 / 08 TUESDAY

朝イチから、連載している
雑誌Hの撮影。その後、貸し出し。
18:00〜、カメラマンN氏と、
19:00〜、物カメラマンJ氏と、
それぞれ撮影の方向性を話し合う。
バレエシューズが動く日の味方。

shirt:DEUXIÈME CLASSE
tank top:JAMES PERSE pants:5
shoes:Repetto bag:Anya Hindmarch

4 / 09 WEDNESDAY

引き続き、リースでブランド回り。
最新の服を見て、生の読者の
声も聞いたら、自分の着こなしにも
なんか鮮度が欲しくなった。
最近買ったばかりのチェックシャツ。
あえて女っぽく合わせたい。

shirt:Thomas Mason
skirt:MACPHEE shoes:Repetto
bag:Anya Hindmarch

4 / 10 THURSDAY

黒ニットを着ようか迷ったけど、
やっぱり4月だし、×ネイビーで
ハッピーにしたい感じ。
だんだんコーディネートルームに
洋服が集まってきて、沸き上がる
アイデアで脳が忙しい！

knit:ELFORBR shirt:Gitman Brothers
denim:Kiton shoes:Repetto
bag:L.L.Bean

4 / 11 FRIDAY

S社で朝からコーディネート作り。
今回のテーマを一番強く
印象づけられるスタイルは何？
伝えたいのはブルーを着る楽しさ。
ワンスタイルでワードローブ全体が
蘇るような、手応えのある新しさ。

knit jacket:45R shirt:DEUXIÈME CLASSE
pants:green shoes:Repetto
bag:J&M Davidson

4 / 12 SATURDAY

コーディネートを組む日は
目の前の服に集中したいので、
自分の洋服は極力色の出ない、
フラットなスタイルがベター。
土曜出勤だし、見ためにも気分にも
疲れない着こなしが好き。

coat:green shirt:Domingo
cutsew:SAINT JAMES denim:FRAME
shoes:Repetto bag:Anya Hindmarch

4 / 13 SUNDAY

午後からＳ社でコーディネート。
それまでは貴重なプライベート。
大好きな人とブランチ。
ボーイズ風の着こなしだけど、
レース＆ピンク。このくらいの
甘さが自分らしい。

knit:JIL SANDER tank top:JAMES PERSE
pants:Kiton shoes:TOD'S
bag:J&M Davidson

Favorite Item 01 :

BOSTON BAG

気取らない、さりげない、ちょっとレトロな自然体の甘さ

角の欠けをお直ししながら、もう６年くらい使ってる、アニヤ・ハインドマーチの王道ボストン〝カーカ〟。とめ金の感じ、さりげないリボンマーク。まるで小さいころ遊んだリカちゃん人形のバッグみたいでどこか懐かしい。私の憧れの〝甘さ〟は、こういう空気。ナチュラルでレトロ。ボーイズ風コーデにこれを持った時の絶妙さといったら。

4 / 14 MONDAY

昨日でようやく、
特集全体のスタイリングが見えた。
今日はお休みに。根をつめた翌日は、
シャツはぜ〜ったい着たくない。
ワントップ、ワンボトム、髪型は
ハットで隠しちゃえばオーケー。

knit jacket:45R cutsew:SAINT JAMES
skirt:fredy shoes:NIKE
bag:L.L.Bean

4 / 15 TUESDAY

夕方から担当編集者K氏の
コーディネートチェック。
編集者は、客観的にスタイリングを
見てもらう初めての人。
どんなリアクションが来るかな？
どのコーデが一番反応がいい？

coat:green trainer:AMERICAN RAG CIE
pants:DOROA shoes:CONVERSE
bag:Anya Hindmarch

4 / 16 WEDNESDAY

撮影前日、
ティファニーで貸し出し。
シャツとバレエシューズ、
それにアニヤのバッグで
プレスルームの空気感に似合う、
品のある着こなしを意識。

shirt:BARBA knit:ELFORBR
denim:FRAME shoes:Repetto
bag:Anya Hindmarch

4 / 17 THURSDAY

薄明るい早朝6時半。
撮影日独特の、クリアな一日の
始まり方がなんともいえず好き。
気心の知れた最高のスタッフ。
だからこそチャレンジできる写真。
〝気分〟が〝形〟になる創造の日。

knit:mai knit jacket:45R
denim:Levi's® shoes:Pretty Ballerinas
bag:GOYARD

4 / 18 FRIDAY

前日のモデル撮影に続き、
今日は広尾のスタジオで物撮り。
1体1体コーディネートを置いて、
バラして、置いて、バラして……
完全に肉体労働(笑)。物撮りの日は
最近必ずドロストパンツ。

jacket:YANUK cutsew:SAINT JAMES
pants:5 shoes:Repetto
bag:ANTEPRIMA

4 / 19 SATURDAY

長年私のページの原稿を手がけて
くれているライターO氏と、
三茶のカフェで今回の特集の取材。
取材のはずがなぜか雑談のほうが
長くなるのはいつものこと。
でも雑談って実はアイデアの宝庫。

shirt:Thomas Mason
denim:FRAME shoes:Repetto
bag:ANTEPRIMA

4 / 20 SUNDAY

クリエイティブなメンバーと接する
撮影の後は、感性が刺激される。
買い物したい。上質な物を自分に
あげて感覚をリフレッシュしたい！
で、ついリベコのリネンシーツ新調。
ひんやりさらさら。

cutsew:SAINT JAMES
knit jacket:45R pants:Kiton
shoes:Repetto bag:ANTEPRIMA

4 / 21 MONDAY

いいお天気。家から二子玉川まで、
のんびりぶらぶら、お散歩。
そしたら事務所から電話。
新聞社から新たな仕事の
依頼が来たらしい。
風がだいぶあったかくなった。

shirt:Bagutta cutsew:SAINT JAMES
pants:BACCA jacket:YANUK
shoes:Repetto bag:ANTEPRIMA

4 / 22

TUESDAY

この一着で気分が上がる！ っていう
アイテムを手に入れると
街歩きがデートくらい楽しくなる。
思いきってボトムでチェック。
レトロなムードもありつつ今っぽい
膝下がピタッと来るスキニー。
お気に入りのカフェまで足をのばす。

trainer:AMERICAN RAG CIE
pants:DOROA shoes:Repetto
bag:Anya Hindmarch

Map 01 : Favorite Restaurant&Cafe in Setagaya

ひとりで、友達と、好きな人と。
ふらっと足が向く、ご近所カフェ

01:TEATRO DELLA PASSIONE

明るいご夫婦からエネルギーを もらえるアットホームイタリアン

用賀の駅から徒歩５分のイタリアンレストラン。写真はイタリアの冬野菜プンタレッラのサラダ。ピザもパスタもBioワインもおいしいし、気取らないのがいい。
●テアトロ デッラ パッシオーネ
http://teatro-della-passione.com/

● 02:APRONS FOOD MARKET

● 01:TEATRO DELLA PASSIONE

03:TSURUMAKI JAYA ●

02:APRONS FOOD MARKET

夏はスプマンテ、冬はホットワイン 片手にお惣菜をつまむ

イタリアのバールのちゃんと座席があるバージョンとでもいいましょうか。つまみながら一杯やれる、おしゃれなカフェビストロ。ショーケースから気になる料理を少量オーダーできます。
●エプロンズ フード マーケット

Tamagawa Street

Seta Intersection

03:TSURUMAKI JAYA

住宅街の一軒家。中に入ると、 スパニッシュレストラン

タクシーで行こうとすると、十中八九迷われる(笑)、隠れ家レストラン。いつも夕食がてらの取材で来ます。特別な空間に招かれたようで気分も上がる。日本家屋にモロッコ家具の取り合わせも異空間的な楽しさ。
●弦巻茶屋(ツルマキヂャヤ)
http://www.tsurumakijaya.com/

● 04:HARUYA MUKASHI

Kan-pachi Street

Futakotamagawa Station

to Den-en-chofu

04:HARUYA MUKASHI

文庫本片手にコーヒーを飲む。 ひとり散歩のお楽しみ

ぽっかり空いた休日には、二子玉川あたりまでのんびり歩くのが好きです。で、このカウンターオンリーのカフェで"こっくりコーヒー"か"ブラジル"を頼んで２時間くらい読書。私の究極のリラックスタイム。
●春ヤ昔(ハルヤムカシ)
http://haruyamukashi303.mond.jp/

4 / 23 WEDNESDAY

ん〜、なんだかシーツを新調したら
インテリアを新しくしたい気分が
盛り上がってきてる。
ラグの色をちょっと春っぽく、
明るいトーンに変えてみようかな。
ウィンドーショッピングのはずが……。

cutsew:SAINT JAMES　tank top:JAMES PERSE
denim:Kiton　shoes:TOD'S
bag:GOYARD

4 / 24 THURSDAY

布ものを変えるとお部屋のムードが
リフレッシュするって、本当だなあ。
家が心地いいと、肌心地のいい服が
着たくなる。楽ちんで気持ちいい
スウェットマキシスカートと
ふんわりボリューミーなストール。

shirt:DEUXIÈME CLASSE
tank top:JAMES PERSE　skirt:fredy
shoes:CONVERSE　bag:ANTEPRIMA

4 / 25 FRIDAY

極上ソフトなカシミアニットTで、
新聞社のかたと企画ミーティング。
初対面の印象って大事だと思うので
トップスはきれいなピンクを。
間口の広い読者層に、
何を提案するべきなんだろう。

knit:mai denim:Levi's®
knit jacket:45R shoes:Repetto
bag:L.L.Bean

4 / 26 SATURDAY

日帰りで実家の法事へ。
ドゥージーのシンプルな
ブラックワンピースは
喪服代わりに重宝。
短時間だし、行事ごとだったけど
富士山と湖には心底癒される。

one-piece:DEUXIÈME CLASSE
shoes:MIHAMA
bag:Anya Hindmarch

4 / 27 SUNDAY

ネイルサロンに、歯医者さんに、
ピラティスに……。
つい後回しにしていた自分ケアを
今日は一日かけて徹底的にやろう。
定期的なリセットデーは
絶対必要。

t-shirt:VINCE　jacket:YANUK
cardigan:Ron Herman　pants:5
shoes:Repetto　bag:Anya Hindmarch

4 / 28 MONDAY

ホワイト、ピンク、ゴールド。
光と温度を感じる
ロマンティックな配色。
デートに着るピンクなら、
生命力があってみずみずしい、
気持ちがほころぶような色みがいい。

trainer:AMERICAN RAG CIE
denim:Kiton　shoes:CONVERSE
bag:ANTEPRIMA

4 / 29 TUESDAY

中目の焼き鳥屋さんで、
名古屋イベントの打ち上げ。
女３人、ガールズトークが止まらない。
ヴィンテージ風のレッド＆ピンク。
昨日と打って変わっておしゃれを
思いきれるのが女子会の楽しみ！

knit:mai pants:DOROA
shoes:Pretty Ballerinas
bag:Anya Hindmarch

4 / 30 WEDNESDAY

新聞の企画をあれこれ考えてみる。
シャツ×ドロストパンツの定番
着こなしに、今日は私、バーガンディの
メガネをかけてる。この、ちょっと
新しいことしたい気分。
この感じをうまく提案できないかな。

shirt:DEUXIÈME CLASSE
tank top:JAMES PERSE pants:BACCA
shoes:Pretty Ballerinas bag:GOYARD

may
5
Denim chic
01 THURSDAY
02 FRIDAY
03 SATURDAY
04 SUNDAY
05 MONDAY
06 TUESDAY
07 WEDNESDAY
08 THURSDAY
09 FRIDAY
10 SATURDAY
11:00 まゆみちゃん
二子玉
はっちゃん 新宿
18:00〜
11 SUNDAY
今年はやっぱり白！
12 MONDAY
13 TUESDAY
14 WEDNESDAY
10:00
人間ドック
15 THURSDAY
ストレッチの
きいてる！

16 FRIDAY
17 SATURDAY
18 SUNDAY
19 MONDAY
20 TUESDAY
21 WEDNESDAY
22 THURSDAY
23 FRIDAY
24 SATURDAY
25 SUNDAY
26 MONDAY
27 TUESDAY
28 WEDNESDAY
29 THURSDAY
30 FRIDAY
31 SATURDAY

5 / 01

THURSDAY

例えばはき慣れたデニムも、
気品とカジュアル感のある
ニットTに合わせると、ちょっと
エレガントになって魅力が上がる。
コーディネートは組み合わせ。
パートナーやバランスを変えれば、
ひとつのアイテムに無限の新発見がある。

knit:mai denim:JOE'S JEANS
shoes:TOD'S
bag:GOLDEN GOOSE

5 / 02

FRIDAY

〝白シャツ〟を着るムードが変わったのを感じたのは、前回のミラノコレクションから。
ぐっと襟を抜いたビッグシルエットは、ベーシックとは一線を画す、
モードとしてのシャツの力を見せつける。

shirt:MUSE camisole:GAP
denim:SUPERFINE bag:Anya Hindmarch
bag:L.L.Bean

5 / 03 SATURDAY

ジュエリーのプレスをしてる友達と
六本木グランドハイアットの
テラスでお茶。ん〜いい陽気！
今日の着こなしをほめられて、
素直にうれしい。
憧れのJ.バーキンをデニムで着る感じ。

knit cardigan:CHANEL
cutsew:SAINT JAMES
denim:Levi's® shoes:Repetto

5 / 04 SUNDAY

自分の体が特別に思える高揚感。
シャネルのニットジャケットにある
この魔法はなんだろう？
たかが服だなんてとても言えない。
フェイク＆リアルパールじゃらづけ。
あ〜洋服って楽しい！

knit cardigan:CHANEL
t-shirt:VINCE denim:FRAME
shoes:Repetto bag:Anya Hindmarch

5 ／ 05 MONDAY

新聞社の企画、最終打ち合わせ。
最近気分のカシュクールシャツ×
グレースキニー。このデニム、
裾の両サイドにジップが入ってる
超スキニー。でも素材がソフトで
ピタッとくるのに着心地抜群！

shirt:MUSE camisole:GAP
denim:SUPERFINE shoes:CONVERSE
bag:GOLDEN GOOSE

5 ／ 06 TUESDAY

どうも電車が込んでる……
と思ったら、今日は
ゴールデンウイーク最終日。
いつもより浮き足立った街の空気。
気分の提案を仕事にしてる
私にとっては、すごーく興味深い。

knit cardigan:CHANEL
camisole:UNIQLO t-shirt:JAMES PERSE
denim:JOE'S JEANS shoes:CONVERSE

5 / 07 WEDNESDAY

朝イチ、母からの電話が鳴る。
下旬に予定してる京都旅行の手配、
どうやら私がやるらしい(苦笑)。
今日会う雑誌Hの編集者に、
おすすめの宿を聞いてみよう。
最近、京都特集の担当してたはず。

coat:MACKINTOSH knit:mai
denim:JOE'S JEANS
shoes:SEBOY'S bag:J&M Davidson

5 / 08 THURSDAY

夕方からWebサイト用の撮影。
私服を公開するようになって、
生の反応を直接もらえるように
なったのは大きい。雑誌とは違う、
ユーザーとのつながり方。
距離の近さ。何かが生まれそう。

knit:ELFORBR
camisole:GAP denim:Kiton
shoes:TOD'S bag:L.L.Bean

5 / 09 FRIDAY

デニムを少しエレガントに着たい
気分が続いてる。
エレガントっていう言葉は
誤解を受けやすいけど。
私的には甘さやクラシックではない、
気品と余裕、かな。

shirt:MUSE camisole:GAP
denim:SUPERFINE
shoes:Repetto bag:ANTEPRIMA

5 / 10 SATURDAY

11:00、二子玉待ち合わせ。
Mちゃんとブランチ。
そしたら携帯メールに幼なじみの
Hちゃんから「新宿に来てる
んだけど、夜会わない？」と。
うわ〜会うの何年ぶりだろ？

knit:mai denim:FRAME
shoes:RENÉ CAOVILLA
bag:ANTEPRIMA

5 / 11 SUNDAY

自分とは違う視点、違う人生の選択。
Hちゃんの息子は大学生になる。
なんだか不思議。カフェまで歩く。
地厚のコットンが心地いい、
一番ベーシックな
セントジェームスの〝ウエッソン〞。

knit jacket:45R cutsew:SAINT JAMES
denim:Levi's®
shoes:Repetto bag:L.L.Bean

5 / 12 MONDAY

セントジェームスのサイズ3は
今年になって買い足した。
トップスをちょっとゆるめにする
トレンドのサイズ感。
ピタピタのデニムと合わせる。
事務所のスタッフと打ち合わせごはん。

cutsew:SAINT JAMES
skirt:MACPHEE shoes:Christian Louboutin
bag:Anya Hindmarch

5 / 13 TUESDAY

予報によると午後からどしゃ降り。
完全防備。インナーは、サイズ1の
ボーダーT。事務所で
昨日聞いた企画をさらにつめる。
明日は人間ドックだから、
今日はディナー抜き。

mountain parka:THE NORTH FACE
cutsew:SAINT JAMES denim:AG
shoes:HUNTER bag:ANTEPRIMA

5 / 14 WEDNESDAY

一日あれこれ検査して、
うん、なんかひと仕事終えたように
すがすがしい気分(笑)。
美味しいものでも食べたいな。
彼にメールしてみようかな。
今日は〝ウエッソン〞のグレー。

cutsew:SAINT JAMES
denim:Levi's®
shoes:Repetto bag:L.L.Bean

5 / 15 THURSDAY

新聞企画の撮影は、
少カット数&私物中心なので
事務所の一角をスタジオにして、
カメラマンT氏に撮影してもらう。
いつもながら1カット1カット
〝丹誠をこめる〟姿勢に感動する。

shirt:MUSE camisole:GAP
denim:FRAME shoes:Repetto
bag:Anya Hindmarch

5 / 16 FRIDAY

5月らしい晴れ渡る空。
いつもの表参道も、木々の緑が
なんだかずっと濃厚に感じられる。
ボッテガ、プラダと展示会を回って
一番感じたのは表現する喜び。
センスを貫く姿。美しくて力強い。

cutsew:SAINT JAMES
denim:AG shoes:Repetto
bag:ANTEPRIMA

Favorite Item 02 : BORSALINO

定番着こなしのカンフル剤にも、
大人のモードスタイルの盛り上げ役にも

今年の気分からいくと、ちょっとカジュアルすぎるようなダメージデニムに、例えば一番上のボルサリーノのハットを加えるとする。それだけで、ぐっとおしゃれする気分が乗る。これです。こういうキーアイテムが見つかるとホント、コーディネートが楽しい。つばの広すぎないタイプを選べば、帽子初心者にもこなしやすい。

5 / 17 SATURDAY

イタリアブランドの
本国PRの女性G氏にインタビュー。
久々のイタリア語、緊張したけど、
母国語を聞いたとたん笑顔になる
ミラネーゼらしいフレンドリーさ、
私の気分まで明るくなる。

knit cardigan:CHANEL
camisole:UNIQLO t-shirt:JAMES PERSE
denim:JOE'S JEANS shoes:CONVERSE

5 / 18 SUNDAY

多忙なメンバーが唯一そろった日曜。
K.K closet初のイベント企画案を
初めてみんなにぶつけてみる。
そしてなぜかこの服、男性陣に大好評。
?? ボーイフレンドトレーナーっぽくて
セクシーに見える？ とか？

trainer:House of 950
denim:SUPERFINE
shoes:Repetto bag:ANTEPRIMA

5 / 19 MONDAY

みんなからの反応は上々。Web
ユーザーのリクエストにこたえて、
6月に読者イベントを
主催することに決定。
どんな女性が来てくれるかな。
私は何を、一番伝えたいかな。

trainer:Americana shirt:FRED PERRY
denim:AG shoes:CONVERSE
bag:Anya Hindmarch

5 / 20 TUESDAY

あたりまえかもだけど、編集者って
いろんなお店をよく知ってる。
雑誌O時代にお世話になった
編集の友人が神楽坂のフレンチを
予約してくれた。素敵な邸宅に
招かれたような、優雅な気分〜。

knit cardigan:CHANEL
blouse:Bagutta denim:MOTHER
shoes:Repetto bag:J&M Davidson

5 / 21 WEDNESDAY

「部署異動したって噂を聞いたけど、
元気にしてる？」年末に出版した
Ｇ社の単行本の担当編集者に、
ふと気になってメールしてみる。
若くて情熱のある彼女の尽力で
去年は本当にいい本ができた。

shirt:Thomas Mason denim:FRAME
shoes:DIEGO BELLINI
bag:Anya Hindmarch

5 / 22 THURSDAY

元アシスタントのＩとランチ。
スタイリストに求められるものや、
雑誌環境の変化。いつの間にか
けっこうまじめな話題に。
クロップト感がいいマザーの柔らか
カプリデニム。気楽でキュート！

shirt:L'Appartement
denim:MOTHER shoes:SEBOY'S
bag:L.L.Bean

5 / 23 FRIDAY

東京駅で待ち合わせて、
菊池ファミリー、京都へ一泊の旅。
情報通の業界の友人知人のおかげで、
なかなかいい旅行に
なりそうな予感。
フープピアスで気分を上げて。

trainer:Americana shirt:Thomas Mason
denim:FRAME shoes:DIEGO BELLINI
bag:Anya Hindmarch

5 / 24 SATURDAY

ほどよいリラックス感を意識した
ブラック＆ホワイトスタイルで
京都市内観光へ。
誇り高い、細部まで気配りの
行き届いた街の空気に
何かが刺激される感じ。

trainer:AMERICAN RAG CIE
denim:FRAME shoes:DIEGO BELLINI
bag:Anya Hindmarch

5 / 25 SUNDAY

午後、世田谷美術館まで足をのばし、
友達とカフェでおしゃべり。
人と会うのが楽しい時期って、
自分に力がみなぎってる時。
ふだんは社交派ってわけでも
ないんだけど。気候かな？

shirt:MUSE camisole:GAP
denim:SUPERFINE shoes:CONVERSE
bag:GOLDEN GOOSE

5 / 26 MONDAY

仲よしのライターO氏の誕生日が
そういえば過ぎてた！
ちょっとした特別感のある
いい感じのプレゼントないかな？
仕事の合間、銀座和光を見てたら
あ、いいもの見つけた〜！

jacket:YANUK parka:THE NORTH FACE
t-shirt:VINCE pants:Theory
shoes:CONVERSE bag:L.L.Bean

5 / 27 TUESDAY

来月のイベントの
全体の内容を練るための
ブレインストーミング@事務所。
O氏に昨日ゲットした
イニシャル入りのハンカチを
渡したらすごく喜んでくれた。

cutsew:SAINT JAMES
denim:SUPERFINE shoes:Repetto
bag:J&M Davidson

Column 01 :

Japanese Sweets

控えめな甘さと ふわふわの口当たり。 和菓子、最高

モデルロケから物撮りスタジオへの移動中のことでした。編集のK氏が「ふまんじゅう買っていこうか」とポツリ。そのひと言だけで疲れと眠気が吹っとんだくらい、私は和菓子好き。まだ食べてないのに(笑)。写真は恵比寿、『正庵』のふまんじゅう。撮影日やコーディネートを考える日は気を張っているので、こういう優しい甘さがしみます。脳と心にじんわ〜りと。

5 / 28 WEDNESDAY

帽子とビジューネックレス。
それにレザーのストール。
イベントの新しい提案を考えてたら
デニムを定番としてじゃなく
モードに、シックに、ノリよく、
〝キメて〟着たくなった。

knit:mai denim:AG
shoes:Repetto
bag:GOLDEN GOOSE

5 / 29 THURSDAY

膝下がぴたーっとくる
ノンウォッシュのスキニーは、
ほんの少し足首を見せてはく九分丈。
色違いで二本買ったくらい好きな形。
デニムにしか出せない
女らしさを存分に楽しめるアイテム！

shirt:Gitman Brothers denim:FRAME
shoes:L'Artigiano di Brera
bag:Anya Hindmarch

5 / 30 FRIDAY

ボルサリーノ×ジョーズのダメージ。
不思議といつものパールまで
かっこいい表情に見えてくる。
青山通りをぶらぶら歩きながらも、
自然と目が行くのは勢いのある
お店のウィンドー提案。

shirt:DEUXIÈME CLASSE
tank top:JAMES PERSE denim:JOE'S JEANS
shoes:CONVERSE bag:GOLDEN GOOSE

5 / 31 SATURDAY

表参道沿いのカフェで
ひそかに街行く女性たちの
ファッションチェック。
大人の女性も大胆に
トレンドに挑戦してる印象。
この"印象"って、けっこうカギ。

knit:mai denim:FRAME
shoes:Repetto
bag:Anya Hindmarch

june
6
01 SUNDAY
Jersey, sometimes Rains!
02 MONDAY
03 TUESDAY
04 WEDNESDAY
15:00~
05 THURSDAY
06 FRIDAY
07 SATURDAY
17:00~
azzurro Meeting
08 SUNDAY
09 MONDAY
HUNTER
HUNTER
10 TUESDAY
11:00
11 WEDNESDAY
12 THURSDAY
13 FRIDAY
14 SATURDAY
15 SUNDAY
14:00~
made in Japan

16 MONDAY
17 TUESDAY
18 WEDNESDAY
19 THURSDAY
20 FRIDAY
14:00~
21 SATURDAY
22 SUNDAY
23 MONDAY
24 TUESDAY
12:00 Body Prove
15:00 bienn
25 WEDNESDAY
26 THURSDAY
27 FRIDAY
28 SATURDAY
29 SUNDAY
30 MONDAY
HUNTER
HUNTER
やっぱり
ハンター

6 / 01

SUNDAY

一気に自分のシルエットが
女っぽくなるタイトスカート。
それでいて体の力が抜ける、
ジャージーならではの心地よさ。
さわやかでアクティブ。どこか上品。
6月はこんなにも
スポーティの気分が新しい。

trainer:AMERICAN RAG CIE
skirt:ROPÉ mademoiselle jacket:YANUK
shoes:L'Artigiano di Brera bag:L.L.Bean

6 / 02

MONDAY

いよいよ今月末、イベント「K.K closet」が開催される。
降ったりやんだりの雨。楽しみ半分、ドキドキ半分の気持ち。
どんな化学反応が起きるかな。

cutsew:SAINT JAMES pants:5
shoes:Repetto
bag:ANTEPRIMA

6 / 03 TUESDAY

6 / 04 WEDNESDAY

17:00〜イベントミーティング。
若手スタッフのTくんと集計した
申し込みリストを確認する。
ピンクやイエローとはまた違う、
グリーン＆ネイビーの
すがすがしいハッピー感が6月の気分。

knit:ELFORBR tank top:JAMES PERSE
skirt:ROPÉ mademoiselle
shoes:CONVERSE bag:L.L.Bean

雨の日には白いパンツの
クリアさに頼りたくなる。
スキニーパンツもジャージーなら
蒸し暑くないし、動きも楽。
体を締めつけないキレイさって
ホント、梅雨のシーズンには重要。

cardigan:Fabrizio Del Carlo
camisole:UNIQLO pants:NICWAVE
shoes:HUNTER bag:L.L.Bean

6 ／ 05 THURSDAY

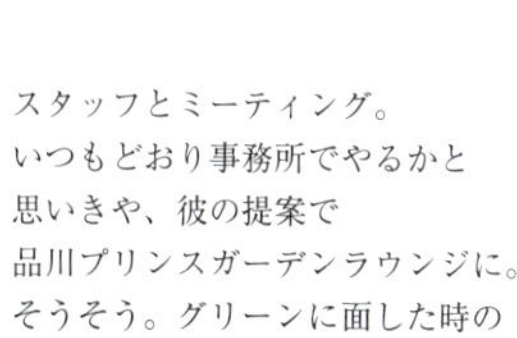

スタッフとミーティング。
いつもどおり事務所でやるかと
思いきや、彼の提案で
品川プリンスガーデンラウンジに。
そうそう。グリーンに面した時の
こういう空気感を演出できたら！

cardigan:Fabrizio Del Carlo
tank top:VINCE skirt:DEUXIÈME CLASSE
shoes:Repetto bag:Anya Hindmarch

6 ／ 06 FRIDAY

代官山TSUTAYAのカフェで
改めてユーザーから届いた
メッセージにじっくり目を通す。
千差万別なようでいて、おしゃれの
悩みは実はひとつ。自分に一番
似合うものを知りたいってこと。

jacket:YANUK shirt:Gitman Brothers
skirt:ROPÉ mademoiselle knit:ELFORBR
shoes:CONVERSE bag:J&M Davidson

6 / 07 SATURDAY

今日の打ち合わせは
パークハイアットのラウンジ。
広々とした空間作り。完璧な
サービス。本当に癒される〜。
上質な空間の一番の鍵は、
やっぱり真心なんじゃないのかな。

cardigan:CHANEL cutsew:SAINT JAMES
skirt:DEUXIÈME CLASSE
shoes:ZARA bag:J&M Davidson

6 / 08 SUNDAY

朝からもう、降る降る。
レインコートより信頼してる
マウンテンパーカと
ハンターの長靴で。
ちょっとだけソックスを見せるのが
今日のスタイリングのポイント。

mountain parka:THE NORTH FACE
cutsew:SAINT JAMES short pants:DK made
shoes:HUNTER bag:ANTEPRIMA

6 / 09 MONDAY

旬のロゴトレーナーの襟ぐりから
ストラップをのぞかせて女っぽく着る。
髪はラフにまとめて、フープピアス。
パリの女の子がアメカジに
トライしてみたような、そんな感じ。
鼻歌混じりに、展示会チェック。

trainer:Americana tank top:JAMES PERSE
shirt:L'Appartement pants:NICWAVE
shoes:CONVERSE bag:TOD'S

6 / 10 TUESDAY

二子玉川のイベント会場下見。
空中庭園の緑たっぷりでいい感じ。
シャツはギットマン。
ボーイズのちっちゃいやつ。
タイトスカートをエレガントじゃなく
スポーティに合わせる。

shirt:Gitman Brothers
skirt:ROPÉ mademoiselle knit:ELFORBR
shoes:ZARA bag:L.L.Bean

6 / 11 WEDNESDAY

ぎゅんとタイトな黒スカート、
横から見たＳシルエットが我ながら
女度満点でなかなか新鮮(笑)。
カーデはふわっと、
ストールみたいに心地よくまとう。
フィット＆フレアの違うカタチ。

cardigan:Fabrizio Del Carlo
cutsew:SAINT JAMES skirt:DEUXIÈME CLASSE
shoes:TOD'S bag:L.L.Bean

6 / 12 THURSDAY

ブーツイン気分で長靴履くのに
とっても便利な、
ジャージースキニーパンツ。
レギパン感覚で、ゆるめシャツで
おしりをちょっと隠す感じ。
雨の日だってアクティブ！

mountain parka:THE NORTH FACE
shirt:FRED PERRY knit:ELFORBR
pants:Ron Herman shoes:HUNTER bag:Ron Herman

6 / 13 FRIDAY

午前中、雑誌Hの連載取材。
午後はイベントに使う
インテリアのリース下見をはしご。
この前TSUTAYAで見つけた
「白」がテーマの写真集。
あの感じのインテリアが理想。

trainer:House of 950
tank top:VINCE short pants:DK made
shoes:HUNTER bag:ANTEPRIMA

6 / 14 SATURDAY

今日は朝から雨。
見ために気持ちよさの出る
白いパンツを主役に、
マドラスチェックのパンチを加味。
意外に、あえて雨の日に
白を着ることが多い。

trainer:Americana tank top:JAMES PERSE
shirt:L'Appartement pants:NICWAVE
shoes:HUNTER bag:ANTEPRIMA

6 / 15 SUNDAY

一枚の服でおしゃれの気分が
上がるように。日常の中にある
ちょっとした特別感を、
今度のイベントでは大事にしたい！
いい匂い、音楽、お茶やお菓子の味、
全部にこだわりたい。

coat:MACKINTOSH shirt:Perfect Persuasion
cardigan:Letroyes pants:Banana Republic
shoes:FREE FISH bag:ANTEPRIMA

6 / 16 MONDAY

アイデアをスタッフに話したら
予算と労力をかけすぎないよう
注意されて、ちょっとムカッ。
昨日に引き続き、白黒ベージュの
上品雨の日スタイルその2。
吉祥寺の雑貨屋で小物の買い出し。

shirt:ORIAN tank top:JAMES PERSE
cardigan:Letroyes short pants:J BRAND
shoes:HUNTER bag:J&M Davidson

6 / 17 TUESDAY

時間的に、予算的に、スペース的に、
取捨選択が必要なのも分かる。
だけど絶対譲れないことだってある。
手作りだからこそ、妥協したくない。
あ～煮詰まってきた！
マッサージ行こ。

shirt:L'Appartement
tank top:JAMES PERSE maxiskirt:fredy
shoes:CONVERSE bag:TOD'S

Favorite Item 03 :

SAINT JAMES

洗いざらして
そのまま着られる、
フレンチカジュアルトップス

色違い、素材違い、サイズ違い、パターン違い。よくもまあそんなに微差でいろいろ買ったもんだと言われそうですが、実際それだけ使いでがあるんです。10代のころから愛用しているセントジェームス、私にとっておしゃれの原点のアイテムのひとつ。生地の質感、ネックのあき具合、ヴィンテージっぽいボーダーの感じ。代わりなんて見つからない。

6 / 18 WEDNESDAY

本日は某ブランドの
カタログコーディネート作り。
本社ビルの会議室にこもって、
朝から晩までひたすら
洋服に埋もれる。
ジャージー＆サテンのパンツが楽ちん。

shirt:Thomas Mason
pants:5 shoes:HUNTER
Bag:L.L.Bean

6 / 19 THURSDAY

コーディネート組み、昨日の続き。
キツイけど、意外とこういう
無心になって集中する時間もいい。
体が楽なフレッドペリーのシャツ。
同系ブルーのスマイルバッグ。
〝前向きさ〞と〝集中〞を盛り上げる。

shirt:FRED PERRY knit:ELFORBR
pants:Ron Herman shoes:HUNTER
bag:ANTEPRIMA bag:Ron Herman

6 / 20 FRIDAY

イベントMCのO氏とは
もう15年来の付き合い。
表参道ヨックモックで打ち合わせ。
イベンターとしては完全新人の
ウチのTくん作の台本に、
的確な指摘がビシバシ入る。

cardigan:Fabrizio Del Carlo
t-shirt:Perfect Persuasion skirt:DEUXIÈME CLASSE
shoes:TOD'S bag:ANTEPRIMA

6 / 21 SATURDAY

打ち合わせをホテルのラウンジで
するのって、やっぱり気分が違う。
六本木リッツカールトン。
ピアノの音。水の流れる音。
ヨーロッパにいるみたいな
ざわめきを感じさせてくれる。

shirt:DEUXIÈME CLASSE
camisole:GAP pants:BACCA
shoes:Christian Louboutin bag:ANTEPRIMA

6 / 22 SUNDAY

休日、雨だけど体を動かしたくて
ピラティスへ。
傘のレッドをリップメイクのように
効かせた、フレンチムードな
トリコロール。
私流、「シェルブールの雨傘」かな。

mountain parka:THE NORTH FACE
shirt:FRED PERRY knit:ELFORBR
pants:Ron Herman shoes:HUNTER bag:ANTEPRIMA

6 / 23 MONDAY

晴れるとすっかり初夏の陽気。
会場のある二子玉川をお散歩。
ベビーカーを押すお母さんが
おしゃれなハットをかぶってたり、
しゃれたご夫婦を見かけたり。
ファッションの進化を感じる。

t-shirt:SAINT JAMES
skirt:DEUXIÈME CLASSE
shoes:Repetto bag:ANTEPRIMA

6 / 24 TUESDAY

対談相手としてイベントに登場する
ライターO氏を含めた
最終の台本打ち合わせ。その後、
某ブランドのモデルオーディション。
ここんとこ、服の気分がフレンチ。
今日はゆる×ゆるシルエットで。

cutsew:SAINT JAMES
pants:5　shoes:Repetto
bag:ANTEPRIMA

6 / 25 WEDNESDAY

G社の編集者から電話。
イベント当日、単行本の制作裏話や
質問も受け付けるので、
その流れを軽く話し合う。
当日、スタッフとしても
手伝ってくれることに。心強い。

cardigan:Fabrizio Del Carlo
t-shirt:GAP　short pants:DK made
shoes:HUNTER　bag:L.L.Bean

6 / 26

THURSDAY

イベント直前、今日は一日ケアデー。
ジェームス パースの薄手Tシャツ。
インにブラトップ。スウェットマキシで
服からも強制的に(笑)リラックス。
だけど帽子とチェックシャツで
青山に出れるスタイルになる(笑)。
なーんにも考えてない、雑さがいい。

t-shirt:JAMES PERSE camisole:UNIQLO
shirt:Thomas Mason maxiskirt:fredy
shoes:CONVERSE bag:L.L.Bean

Map 02 : Beauty Cruise

イベント前、海外出張前は必須。
自分を高めるビューティケアコース

Start!

Kitaaoyama 01 : BODY PROVE

一人ひとりに合わせた
アロマオイルが気持ちいい

友人から、「込むと嫌だから絶対雑誌に載せないでね」と念押しされたけど、そろそろ時効だと思うので紹介しちゃいます(笑)。体調やその人に合わせたブレンドオイルでマッサージしてくれて、心身の不調にすっごく効きます！

●ボディー ブルーヴ
http://www.integracy.co.jp/

Jingumae 02 : BIENN

まつ毛パーマと、愛用中の
美容液マスカラに出会ったサロン

私は人前に出るイベントや撮影の時以外はノーファンデ派。なので、まつ毛と眉毛だけは定期的にきちんとケアしてます。マスカラも、色のつかないトリートメントオンリー。ナチュラル好きなんです。

●ビエン
http://www.bienn.co.jp/

Ginza 03 : AIO-N

カラーリストを追いかけて3軒目。
リラックスできるカラーサロン

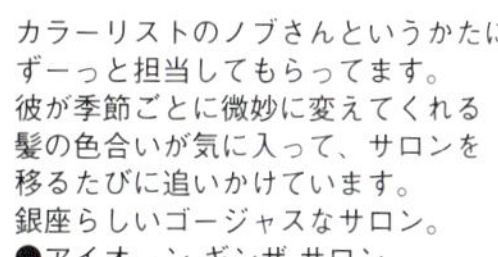

カラーリストのノブさんというかたにずーっと担当してもらってます。彼が季節ごとに微妙に変えてくれる髪の色合いが気に入って、サロンを移るたびに追いかけています。銀座らしいゴージャスなサロン。

●アイオーン ギンザ サロン
http://www.aio-n.com/

Futakotamagawa 04 : TAACOBA

Finish!

ナチュラルできれいな
理想の爪に仕上げてくれる

ここも長いお付き合いのサロン。基本ケアのみでカラーなし派ですが、イベント前にはエッシィのネイルを塗ったりも。ヌードカラーが好き。ネーミングがまた可愛くって！"Au Natural"、"Sugar Daddy"なんてそれだけで気分が上がっちゃう。

●タアコバ ネイルケアサロン
http://www.taacoba.co.jp/

6 / 27 FRIDAY

ケアデー、２日目。
銀座でヘアカラーした後、
自宅近くに戻ってネイルケア。
人前に出る時には、なるべく美容に
しっかり時間をかけることにしてる。
いよいよ本番間近。

shirt:FRED PERRY
knit:ELFORBR pants:Ron Herman
shoes:HUNTER bag:Ron Herman

6 / 28 SATURDAY

イベント前日。貸し出し後、会場設営。
気に入った洋服を試せるように
フィッティングルームもセット。
テーブルフラワーは野の花で
リラックスムード。メインはもちろん、
２ラックのミニセレクトショップ。

shirt:DEUXIÈME CLASSE tank top:VINCE
jacket:YANUK pants:5
shoes:Repetto bag:ANTEPRIMA

6 / 29 SUNDAY

「トレンドをもっと楽しむ」。
このテーマはきっと伝わったかな。
試着して、自分を鏡で見た瞬間の、
「あ、これいい！」っていう歓声、
うれしかった。小さなイベントだけど、
とにかく、全力で駆け抜けた〜。

shirt:MUSE camisole:GAP
pants:FRAME shoes:RENÉ CAOVILLA
bag:Anya Hindmarch

6 / 30 MONDAY

私の提案をいつも支持してくれたり、
気にしてくれている女性たち。
どんな生活で、どんな仕事で、
どんな髪型で、どんな魅力で……
それを知りたい気持ちの満足と、
主催者としての反省。心は揺れる。

tank top:FilMelange for Ron Herman
pants:BACCA shoes:TOMS
bag:GOLDEN GOOSE

july
7
Blue & Blue
01 TUESDAY
02 WEDNESDAY
16:00 Body Prove
03 THURSDAY
04 FRIDAY
05 SATURDAY
06 SUNDAY
07 MONDAY
08 TUESDAY
12:00
09 WEDNESDAY
10 THURSDAY
12:00 ジュエリー
16:00 TAACOBA
11 FRIDAY
12 SATURDAY
13 SUNDAY
B.D シャツ
14 MONDAY
15 TUESDAY
海に行きたーい

16 WEDNESDAY
11:00 まち合わせ♡
17 THURSDAY
18 FRIDAY
メンズのネクタイ生地みたいで好き
19 SATURDAY
20 SUNDAY
21 MONDAY
22 TUESDAY
Yamanaka
23 WEDNESDAY
24 THURSDAY
25 FRIDAY
15:00 Italiano〜
26 SATURDAY
27 SUNDAY
世田谷美術館
13:00〜
28 MONDAY
29 TUESDAY
30 WEDNESDAY
31 THURSDAY

7 / 01

TUESDAY

膝下までピタピタにタイトな
流行のカラースキニー。
試着した瞬間から気持ちが目覚めて、
自分が新しくなった感じ。楽しい！
ネイビーの延長で
クローゼットに入れられる、
私らしく新鮮なブルーの世界。

cutsew:SAINT JAMES pants:ZARA
shoes:L'Artigiano di Brera
bag:Anya Hindmarch

7 ／ 02

WEDNESDAY

ゆっくり起きた日の午後。文庫本と携帯、お財布だけ持ってカフェまで歩く。
帽子越しに夏の日射しを感じながら。「力を抜いて、リラックスして」
自分に言い聞かせるように、のんびり、一歩一歩。

shirt:Gitman Brothers
short pants:D'agilita
bag:L.L.Bean

7 / 03 THURSDAY

コットンの九分丈カプリ。
その丈感からちらっと足首を見せる
バランスが好き。トップスは
ポロなんだけどフリルつき。
甘くじゃなく、かっこいい気分で着る。
夕方、反省会を兼ねたミーティング。

polo shirt:FEDELI
pants:PESERICO shoes:Repetto
bag:J&M Davidson

7 / 04 FRIDAY

撮影＆取材を終え、
夜は元アシスタントのＩとごはん。
何でもないネイビーＴ×デニム。
何でもないんだけど、すごく好き。
先月の疲れをまだまだ癒したい今日、
気持ちも着心地もゆったりしてたい。

t-shirt:three dots
denim:JOE'S JEANS
sandal:havaianas bag:L.L.Bean

7 / 05 SATURDAY

話を聞いてもらいたくて、
女友達をランチに呼び出す。
まだまだ伝えきれてないこと。
やりきれてないこと。
イベントの反省&ついついグチる。
こういう時、友達ってありがたい。

shirt:Domingo tank top:JAMES PERSE
parka:THE NORTH FACE skirt:BIANCA EPOCA
sandal:havaianas bag:L.L.Bean

7 / 06 SUNDAY

サックスブルーのシャツに
ネクタイみたいな生地のショーパン。
メンズ的なブルーの着こなし。
そこに女性の体が入る素敵さ！
美味しいコーヒーでも
飲みに行こ！

shirt:Gitman Brothers
short pants:D'agilita
shoes:ZARA bag:L.L.Bean

7 / 07 MONDAY

大きめシャツの前だけイン。
お気に入りの着こなしで
ブランド展示会へ行ったら、
「M誌のブルー特集、おもしろかった」
プレスの方からお礼を言われる。
こういう生の声、本当にうれしくなる。

shirt:FRED PERRY
knit:JIL SANDER pants:ZARA
shoes:SEBOY'S bag:J&M Davidson

7 / 08 TUESDAY

それにしても、だんだん
本気で夏になってきた。
ネイビーのピーサンで青山を歩くも、
地面の照り返しさえジリジリ暑い。
ちょっとスタバでも寄って、
一瞬涼んでこようかな……。

polo shirt:FEDELI denim:green
sandal:havaianas
bag:ANTEPRIMA

7 / 09 WEDNESDAY

海の色のブルーとグリーン。
着てるだけで心も体も
開放的にリラックス。
東京のむしむしから、
服だけでも旅に出よう(笑)。
スニーカーで足取りだって軽くして。

sleeveless:ROPÉ mademoiselle
shirt:Domingo skirt:ROPÉ mademoiselle
shoes:CONVERSE bag:L.L.Bean

7 / 10 THURSDAY

夕方からネイルサロンへ。
昨日と同じ配色だけど、
今日はグリーンをほんのちょっと。
それこそネイルくらいの分量に。
水の上に葉っぱが浮いてるみたいな。
木漏れ日が緑に反射したみたいな。

shirt:Gitman Brothers knit:ELFORBR
pants:ZARA shoes:L'Artigiano di Brera
bag:L.L.Bean

7／11 FRIDAY

7／12 SATURDAY

油絵みたいな柄パンツ。
雑誌でも提案したブルーなら
大胆なアイテムも自分らしく
取り入れやすい。
今日は早めに家に帰って、
久々にじっくり料理でもしようかな。

knit:ELFORBR tank top:JAMES PERSE
pants:ELFORBR shoes:Repetto
bag:ANTEPRIMA

午前中、通っているピラティスの
スタジオへ。先生から
「だいぶ肩甲骨が軟らかくなった」と
うれしいコメント。体が柔軟になると、
よけいな力が抜けて、
マインドが自由になれる気がする。

t-shirt:three dots
pants:PIAZZA SEMPIONE
sandal:havaianas bag:Sans Arcidet

7 / 13 SUNDAY

ブルーベースのどこかレトロな柄。
私はイタリアのよく滞在する
プチホテルを思い出す。
インテリアコーディネートの、
青や水色、ネイビーの重ね方。
今日はマキシワンピで柄を楽しむ。

jacket:YANUK tank top:JAMES PERSE
parka:THE NORTH FACE tube Dress:Ron Herman
sandal:havaianas bag:ANTEPRIMA

7 / 14 MONDAY

オイルマッサージで体を癒す。
帰り道、本屋さんに立ち寄って
気になる写真集と小説を購入。
明日これ持ってカフェに行こう。
〝物語〟や〝何かのワンシーン〟は
私のインスピレーションの源泉。

shirt:Domingo tank top:JAMES PERSE
knit:ELFORBR pants:ELFORBR
shoes:Repetto bag:ANTEPRIMA

7 / 15 TUESDAY

少しゆるめの白シャツは、
暑い日にわさっとはおると、
洗いたてのシーツに
ころんと横になった時みたいな
すがすがしい気持ちよさ！
風が体を抜ける感じがいい。

shirt:DEUXIÈME CLASSE camisole:GAP
knit:Johnstons pants:ZARA
shoes:Repetto bag:ANTEPRIMA

7 / 16 WEDNESDAY

ほぼ1カ月ぶりのデートの日。
突然鎌倉までドライブすることに！
海と空が一枚の〝青〟につながる
あまりに夏らしい、鮮やかな景色に
自然と頬がゆるんで笑っちゃう！
こういうサプライズって大好き。

tank top:FilMelange for Ron Herman
skirt:Ron Herman
shoes:CONVERSE bag:ANTEPRIMA

Favorite Item 04 : SLEEVELESS

絶妙にコンシャスな
シンプルタンクトップ

襟の詰まり具合、袖のあき方、ちょっとだけゆるめのトレンドのシルエット。ロンハーマン×フィルメランジのこのタンク、着た感じが本当に可愛くって、色違いで３枚購入。左ページのミッドナイトブルーのロングスカートとの組み合わせ、特に気に入ってます。もちろんパンツとも相性抜群。カッティングのムードだけで最高にキュート。

7 / 17 THURSDAY

昨日の鎌倉でちょっと灼けた肌に、
さし色のグリーンがいい感じに効く。
雑誌Hの取材は銀座の喫茶店で。
せっかく銀座まで来たんだし、
後でウインドーショッピング
してから帰ろ〜っと。

t-shirt:JAMES PERSE camisole:UNIQLO
cardigan:ASPESI denim:JOE'S JEANS
shoes:L'Artigiano di Brera

7 / 18 FRIDAY

お盆に休みは取れないのが
雑誌仕事の常。
なので明後日から二泊で実家に
早めの夏休み帰省することに。
何かお菓子でも
持って行こうかなあ。

shirt:Gitman Brothers
short pants:D'agilita shoes:ZARA
bag:J&M Davidson

7／19 SATURDAY

この前買ったばっかりの
ミッドナイトブルーのスカートは、
ほんのり褐色の肌によく映える。
シルバーのアクセとバッグを足せば、
ミラネーゼ的、
リッチなブルー着こなし！

tank top:FilMelange for Ron Herman
skirt:Ron Herman
shoes:GIVENCHY bag:ANTEPRIMA

7／20 SUNDAY

今日から実家。
湖沿いをぶらぶら歩くとある
「ハンモックカフェ」。姪っ子とふたり
アイスクリームを買って、
ゆらゆら揺られながら
木々の合間に真っ青な空を見る。

cutsew:SAINT JAMES
pants:5 shoes:TOMS
bag:GOLDEN GOOSE

7 / 21 MONDAY

日焼けに映える、サテンの
ブルートップス。ミラノマダムって
よくこんな格好で自転車に乗ってる。
バスの窓から富士山を見ながら
私の日常が待つ、東京へ帰る。
芯からリフレッシュした気持ち。

sleeveless:ROPÉ mademoiselle
denim:green shoes:L'Artigiano di Brera
bag:L.L.Bean

7 / 22 TUESDAY

夏にいい、柔らかなデニムのマザー、
最近ブームの"シャツの前だけイン"。
シンプルだけど、この着こなしって
すごく余裕のあるヨーロッパ的な
女らしさが薫る。
前に買った本をのんびり読んでみる。

shirt:FRED PERRY
denim:MOTHER
shoes:Repetto bag:L.L.Bean

7 / 23 WEDNESDAY

Komaの〝瑠璃色〟ストールは
海のような深みで目にも肌にも
心地いい。白×ネイビーに
この瑠璃色が効くだけで
ぐっとブルーのモードが高まる。
今日は午後からピラティスへ。

shirt:Gitman Brothers
short pants:D'agilita
sandal:havaianas bag:L.L.Bean

Column 02 :

Italy

いよいよ本格的に イタリア語のレッスンを 始めます！

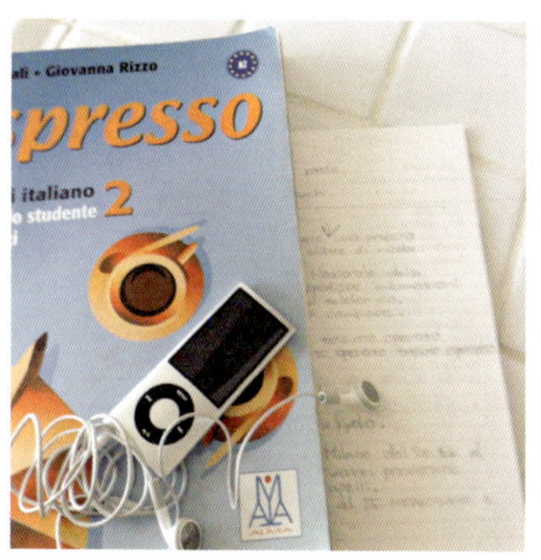

独学で勉強してましたって言うと「え！すごい！」なんて驚かれますが、簡単な会話ならともかく、取材やミラノコレクションのあれこれをもっとちゃんとできるようになるには、やっぱり先生につかないとだめだな〜と痛感してるところです。イタリア人と接していると、ふだん意識しない自分の日本人としてのクセに気がつきます。Si、Noがはっきりしないとか(笑)。日本人には、はっきりしすぎって言われるくらいなのになあ。

7 / 24 THURSDAY

雑誌Mの担当者との
企画打ち合わせ。そもそも
おしゃれな彼女の反応もよくて、
これはなかなか、挑戦しがいのある
特集になりそうな予感。
サテントップスをカジュアルに着て。

sleeveless:ROPÉ mademoiselle
denim:FRAME
sandal:havaianas bag:L.L.Bean

7 / 25 FRIDAY

久しぶりにイタリア語の
レッスンを再開することに。
ここは着こなしで気分を上げよう。
キートンのシャツと、チノパン。
ヨーロッパのブルーの
たまらない上質さ！

shirt:Kiton
short pants:J BRAND
shoes:TOD'S

7 / 26 SATURDAY

ミラノの小さなセレクトショップで
買った柄のサブリナパンツ。
私の柄パンツ気分はこの一本から
始まってる。明るいネイビーの
夏用ストールに、スメドレーのカーデ
……南フランスっぽいイメージ。

cardigan:JOHN SMEDLEY
t-shirt:ZARA pants:PIAZZA SEMPIONE
shoes:Repetto bag:J&M Davidson

7 / 27 SUNDAY

ランチは友達と約束して、
世田谷美術館へ。
木陰のテラス席がい〜い気持ち。
ネイビーコーデにスリッポンを
合わせるこのイタリアっぽさ。
イタリア好きの女友達となので！

knit jacket:45R t-shirt:VINCE
skirt:BIANCA EPOCA
shoes:TOD'S bag:J&M Davidson

7 / 28 MONDAY

美味しいコーヒーを入れて、
自宅でアポ取りの電話。
あのブランドにあれがあったな。
展示会の記憶を引っぱり出しながら。
ランチ休憩は近所のカフェへ
ゆるいまとめ髪に、帽子ひとつ。

t-shirt:ZARA skirt:CARVEN
shoes:Repetto
bag:ANTEPRIMA

7 / 29 TUESDAY

私の連載ページを立ち上げから
手がけてくれた、
雑誌Hの編集者の結婚式。
ティファニーのパールを主役に、
シフォンブラウス×カプリパンツで。
イメージは私的オードリー。

blouse:HARRODS
pants:GRAPHIT LAUNCH
shoes:Repetto bag: Anya Hindmarch

7 / 30 WEDNESDAY

世間は花火大会で盛り上がってる
らしくて、浴衣の女性を
たくさん見かける。
私は友達３人とテラスが気持ちいい
麻布のレストランへ。夏の夜、最高。
冷え冷えの白ワインで乾杯。

tank top:FilMelange for Ron Herman
skirt:Ron Herman shirt:Domingo
shoes:L'Artigiano di Brera bag:Anya Hindmarch

7 / 31 THURSDAY

気分は１カ月早く、夏休み最終日。
フェイシャルケアと、
アロマのマッサージに行って、
明日からの忙しい日々に備えよう。
準備しておくっていい。心身を
クリアにしておくとパワーが出る。

blouse:ALPHA denim:AG
shoes:LUCA
bag:Sans Arcidet

august
8
Print
01 FRIDAY
02 SATURDAY
03 SUNDAY
04 MONDAY
KATE MOSS?
05 TUESDAY
06 WEDNESDAY
07 THURSDAY
08 FRIDAY
09 SATURDAY
10 SUNDAY
11 MONDAY
12 TUESDAY
13 WEDNESDAY
14 THURSDAY
15 FRIDAY
Green is Glam
perfect persuasion

16 SATURDAY
17 SUNDAY
18 MONDAY
19 TUESDAY
20 WEDNESDAY
21 THURSDAY
22 FRIDAY
23 SATURDAY
24 SUNDAY
25 MONDAY
26 TUESDAY
27 WEDNESDAY
28 THURSDAY
29 FRIDAY
30 SATURDAY
31 SUNDAY

8 / 01

FRIDAY

暑い日に気持ちいい、
風が抜ける
アパルトモンのビッグシャツ。
すそから台形スカートをのぞかせる
このバランス。
〝大人が素足で着るミニ〟に
絶対必要な大胆さと上品さ。

shirt:L'Appartement
skirt:ZARA
shoes:havaianas bag:A.I.P

8 / 02

SATURDAY

視界の先に彼がいて、少しずつ近づいていく、〝待ち合わせ〞の距離感に、照れる。
恋を楽しむこと。自分の中の、女性らしさに身をゆだねること。
ジュエリーはいらない。ダリア柄のスカート一枚の特別感だけ。

knit:ZARA
skirt:PRADA
bag:Anya Hindmarch

8 / 03 SUNDAY

仲よしの女友達とふたり、
鎌倉のホテルにステイ！
海外まで行く時間はないけど、
せっかくの夏を満喫しつくしたい。
リッチなベージュ、ゆるやかに
フィットするワントップワンボトム。

tank top:FilMelange for Ron Herman
skirt:Des Prés shoes:GIVENCHY
bag:GOLDEN GOOSE

8 / 04 MONDAY

ビーチサイドまで散歩して、
海に面したレストランで食事。
にぎわうビーチ。波の音。
太陽の下に似合う
ピンクの水着と、ヨーロッパの
匂いのするブラウンカーディガン。

cardigan:JOHN SMEDLEY pants:J BRAND
swimwear:North Shore Swimwear
sandal:havaianas bag:ANTEPRIMA

8 / 05 TUESDAY

夏のビーチで見るサンセット。
それだけで私にとっては素敵な非日常。
「サルデーニャなら
もっと最高だったけど！」
木陰でカクテル片手に女友達と
盛り上がる、最高の夏休み。

blouse:Bagutta
swimwear:Pualani Hawaii skirt:ZARA
sandal:havaianas bag:ANTEPRIMA

8 / 06 WEDNESDAY

チェックインの時と、
トップスの色が違うだけ。
早めの夏休みはここでおしまい。
朝チェックアウトしてそのまま、
私の仕事のホーム、表参道エリアへ。
貸し出しに回る。

tank top:FilMelange for Ron Herman
skirt:Des Prés shoes:GIVENCHY
bag:GOLDEN GOOSE

8 / 07 THURSDAY

目まぐるしくプレスルームを回って
新作アイテムをチェック。
このニットは借りて、この靴は……
以前はカーゴパンツが気分だった
ワークスタイルの感覚、今なら
意外に大人っぽい迷彩Tがいい。

t-shirt:ROPÉ mademoiselle
skirt:ZARA shoes:GIVENCHY
bag:GOLDEN GOOSE

8 / 08 FRIDAY

白シャツの着こなしバリエの中でも、
このビッグシャツ×スカートは
セクシーさの薫るスタイル。
来週からお盆休みに入ってしまう
ブランドもけっこうあるので、
今日も精力的にリース回り。

shirt:L'Appartement skirt:ZARA
shoes:RENÉ CAOVILLA
bag:A.I.P

8 / 09 SATURDAY

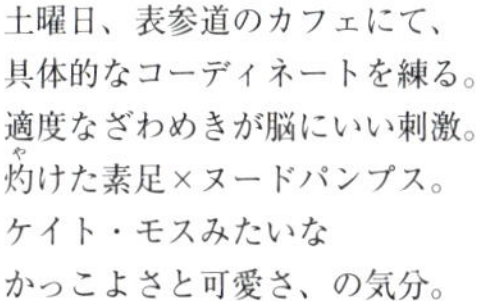

土曜日、表参道のカフェにて、
具体的なコーディネートを練る。
適度なざわめきが脳にいい刺激。
灼けた素足×ヌードパンプス。
ケイト・モスみたいな
かっこよさと可愛さ、の気分。

cardigan:Letroyes
t-shirt:Perfect Persuasion skirt:HARRODS
shoes:Christian Louboutin bag:ANTEPRIMA

8 / 10 SUNDAY

綿ブロードのシンプルシャツの
袖をぐしゃっとまくっちゃって、
歩き回る一日。
冷房のきいた室内ではエルメスの
ストールをさらっと。女性だからこそ
出せるこういうかっこよさが好き。

shirt:DEUXIÈME CLASSE
skirt:PRADA shoes:TOD'S
bag:GOLDEN GOOSE

Favorite Item 05 : MINI SKIRT

何の変哲もないようで、
着回し力抜群の台形ミニスカート

けっこう前にZARAで買ったブラウンの台形ミニ。その年の流行や気分によっては一度もはかなかったシーズンもあって、実はもう手放そうかな〜と何度も思ったアイテム。だけどこの潔くシンプルな、ザ・台形シルエットが意外とありそうでない。結局今年はたくさん着回しそうな予感です。この大人っぽい夏ブラウンがまた、うまいなあ。

8 / 11 MONDAY

今日も朝からプレスルームめぐり。
元気が出そうなイエローを
ジュエリー、チェックシャツ、
バッグといろいろ効かせてみた。
パンツも黄みがかったベージュだし
気分は全身イエロー！

t-shirt:VINCE shirt:L'Appartement
camisole:GAP denim:αA
sandal:havaianas bag:TOD'S

8 / 12 TUESDAY

ヘビロテ中の台形ミニに、今日は
ギットマンのBDシャツ。
白シャツバリエの中では一番
ボーイズっぽいムード。貸し出し後、
２件のカメラマン打ち合わせ。
あっという間に一日が終わる〜。

shirt:Gitman Brothers
knit:JIL SANDER skirt:ZARA
shoes:TOD'S bag:TOD'S

8 / 13 WEDNESDAY

狙ってたブランドSのジャケット、
同じ撮影日で他誌のリース予約が
入っちゃったらしい。う〜ん。
こういう競争は日常茶飯事。
イエローの思い切りのよさは、
真剣に戦う日のモードに似合う。

yellow tank top:ZARA
white tanktop:JAMES PERSE　skirt:Des Prés
sandal:havaianas　bag:Sans Arcidet

8 / 14 THURSDAY

ロケバスドライバーHくんとともに、
キープを入れた洋服や小物を
どんどんピックアップ！
いつも車に用意しておいてくれる
美味しいコーヒーがありがたい。
今日は着こなしもコーヒーカラー。

knit:JIL SANDER
tank top:JAMES PERSE　skirt:ZARA
shoes:TOD'S　bag:TOD'S

8 / 15 FRIDAY

ピックアップを回りつつ、
前に悩んだ末に借りるのをやめた
あの靴をやっぱり再度借りに行く。
夜は急きょ、無理矢理、実家へ。
法事に明日の朝、
顔を出す予定。

t-shirt:ROPÉ mademoiselle
pants:BACCA sandal:havaianas
bag:ANTEPRIMA

8 / 16 SATURDAY

用事がすんだとたん、慌ただしく
涼しい実家から、酷暑の東京へ。
週明けのチェックに向けて、
S社のコーディネートルームで
スタイリングの最終仕上げ。
集中、集中！

tank top:FilMelange for Ron Herman
shirt:DEUXIÈME CLASSE skirt:PRADA
sandal:FABIO RUSCONI bag:ANTEPRIMA

8 / 17 SUNDAY

ファッションを思い切って楽しむ
あのムードを形にしたくて、
休日のＳ社で黙々と働く。
さっとタンクワンピ着て、
ぱっと花柄バッグ持っちゃって。
この気軽さと大胆さの感覚っていい。

one-piece:Alexander Wang
sandal:FABIO RUSCONI
bag:A.I.P

8 / 18 MONDAY

ゆるめのTシャツ＆デニムの足もとに
ヌーディなバレエシューズ。
ピンクと柄をソフトに着る気分
18:00からコーディネートチェック。
このチャレンジングな提案を
読者はどう感じるだろう？

t-shirt:VINCE
denim:MOTHER cardigan:kier+j
shoes:LUCA bag:A.I.P

8 / 19 TUESDAY

使わないアイテムの一部返却や、
チェック用の靴を
実際の撮影用にモデルサイズに
チェンジしたり……。
作業を進めつつ、夜は某ブランドの
社長さん同席のビジネスディナー。

tank top:FilMelange for Ron Herman
skirt:PRADA shoes:GIVENCHY
bag:ANTEPRIMA

8 / 20 WEDNESDAY

撮影前日。伝票とアイテムを
照らし合わせて確認。
ロケで使うもの、物撮り用、
予備のアイテム。ミスがないよう
すべてを最終チェック。
迷彩×カーゴのワークモード。

t-shirt:ROPÉ mademoiselle
knit:JIL SANDER pants:green
sandal:havaianas bag:TOD'S

8 / 21 THURSDAY

青山のなんてことない通りで
あえてVOGUEのスナップみたいに
モデル３人での撮影。
三人三様の個性と表現を通して
コーディネートに
命が吹き込まれる。

t-shirt:Perfect Persuasion
denim:SUPERFINE
shoes:LUCA bag: ANTEPRIMA

8 / 22 FRIDAY

ビッグシャツ×ゆるいデニムは
私の中でミラノマダムの日常風。
メンズのサイズ感を女性が着る
アンバランスさ。
それがリッチ＆セクシー！
そんな気分で着たい。

shirt:L'Appartement
denim:JOE'S JEANS
sandal:havaianas bag:A.I.P

8 / 23 SATURDAY

ようやく雑誌の撮影が
終わったものの、休む間もなく
今日もミーティング、取材など、
目白押し。一枚でモードに華やぐ
アレキサンダー ワンのワンピは
忙しい日の味方。ネイビーを効かせて。

one-piece:Alexander Wang
sandal:havaianas
bag:A.I.P

8 / 24 SUNDAY

皇居近くのパレスホテルのテラスは
お堀に面して気持ちよく風が吹く、
お気に入りのスポット。
資料を持ち込んで、
撮影したアイテムのクレジット書き。
単純作業こそ優雅な場所を選びたい。

shirt:L'Appartement
skirt:PRADA camisole:UNIQLO
shoes:TOMS bag:L.L.bean

8 / 25 MONDAY

イタリア語の先生に誘われて
ホームパーティへ。
イタリア語でしゃべりながら
イタリア料理を作るっていう、
楽しくもスパルタなコンセプト。
「Cominciamo! (さあ始めましょう)」

one-piece:Alexander Wang
shoes:Repetto
bag:Anya Hindmarch

8 / 26 TUESDAY

Webコンテンツ、K.K Reportの
ページで取り上げるブランドの
商品撮影準備を事務所で進める。
明後日にはイタリア本社の社長に
インタビューすることにもなって、
あ～イタリア語もっとやらなきゃ！

t-shirt:Perfect Persuasion
denim:FRAME shoes:TOMS
bag:ANTEPRIMA

8 / 27 WEDNESDAY

羽みたいに軽くてスポーティ&
エレガントなダウンを撮影。
その後、明日のインタビューの準備。
シャツ×ショートパンツの、
トラッドだけどスポーティなこの
コーディネート、イタリア的ムード。

blouse:GALERIE VIE camisole:GAP
cardigan:JOHN SMEDLEY short pants:SLAM
shoes:TOD'S bag:J&M Davidson

Column 03 :

Aroma Oil

私にとっては、気分や
マインドのモードを
切り替えるスイッチ！

コーディネートや企画を考えすぎて頭が煮詰まった時。パッと気分を切り替えてリラックスしたい時に私が真っ先に頼るのが天然アロマ。必ずバッグに入れて何かのボトルは持ち歩いてるし、気になった時にはすぐ使います。夏場は湯船にペパーミントを数滴たらすのがお気に入り。さっぱり感がぐんと増して、汗をかいて疲れた体も、仕事モードの頭も、いっぺんにスッキリします。

8 / 28 THURSDAY

イタリア人社長と会うのは
これがもう十数回目……。
ホテルのテラス席を意識して、
Tシャツじゃなく
ニット素材のノースリーブ。
肩を出しつつ品よく見えるスタイル。

knit:ZARA skirt:PRADA
shoes:Repetto
bag:Anya Hindmarch

8 / 29 FRIDAY

8月はとにかく忙しかった！
今日はやっとできた時間を利用して
気になっていた写真展を見に行く。
それから喫茶店で、淹れたての
コーヒーでほっと一息。
あ～夏が終わってく。

cardigan:JOHN SMEDLEY
t-shirt:ZARA skirt:CINQUANTA
Shoes:Pretty Ballerinas bag:Sans Arcidet

8 / 30 SATURDAY

いけない！　9月後半から始まる
ミラノコレクションに向けて、
各ブランドに提出する
エントリーシートを準備しなきゃ。
週明けにはFAXしないと。
一日中デスクワークを片づける。

---

one-piece:BLANC basque
cardigan:JOHN SMEDLEY
shoes:Repetto　bag:L.L.Bean

8 / 31 SUNDAY

ファッションショーの
エントリーも始まって、
いよいよモードの秋がやってくる！
まだまだ外は猛暑だけど、
気持ちは秋冬スタイルに飛んでる。
ハードな8月、ようやく無事完走。

---

blouse:αA　camisole:GAP
half pants:CIMARRON
sandal:ROBERTO DEL CARLO

september
9
Metallic
01 MONDAY
02 TUESDAY
03 WEDNESDAY
04 THURSDAY
05 FRIDAY
テンション上がる〜!
06 SATURDAY
07 SUNDAY
08 MONDAY
09 TUESDAY
10 WEDNESDAY
11 THURSDAY
編集長Kさんランチ
12 FRIDAY
13 SATURDAY
ブルーノート
14 SUNDAY
15 MONDAY

16 TUESDAY
17 WEDNESDAY
18 THURSDAY
Narita 9:00 12:50 出発
Malpensa 18:35
19 FRIDAY
20 SATURDAY
21 SUNDAY
22 MONDAY
23 TUESDAY
24 WEDNESDAY
25 THURSDAY
26 FRIDAY
お土産
27 SATURDAY
28 SUNDAY
29 MONDAY
Malpensa 14:30
30 TUESDAY
Narita 10:30
Herno
Ante

9 / 01

MONDAY

チャコールグレーの上下を
オールインワンみたいに着て、
ビジューとクラッチで強さを足す。
モノトーンでリセット。
気温は夏でも、気持ちはガラッと
秋冬モードに切り替えたいから。
ひと足先に、コレクション気分。

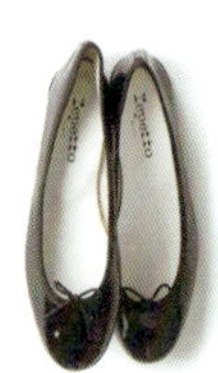

tank top:Alexander Wang camisole:UNIQLO
cardigan:JOHN SMEDLEY pants:BACCA
shoes:Repetto bag:PotioR

9 / 02

TUESDAY

外は残暑厳しい午後1時。ランチの相手を待ちくたびれる。
今、白Tに合わせるとしたら、夏の終わりの風の気持ちよさを感じられる、
ちょっと光沢があって柔らかい、こんなスカート。

t-shirt:JAMES PERSE
skirt:Ron Herman
shoes:CONVERSE bag:ANTEPRIMA

9 / 03 WEDNESDAY

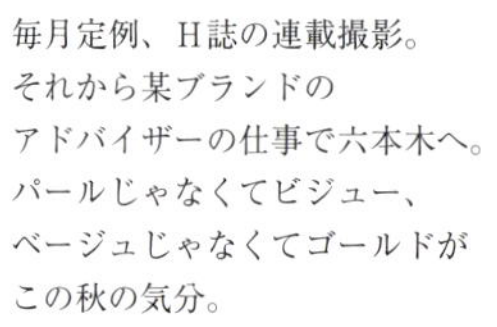

毎月定例、H誌の連載撮影。
それから某ブランドの
アドバイザーの仕事で六本木へ。
パールじゃなくてビジュー、
ベージュじゃなくてゴールドが
この秋の気分。

tank top:FilMelange for Ron Herman
cardigan:Rie Miller pants:Banana Republic
sandal:havaianas bag:ANTEPRIMA

9 / 04 THURSDAY

ミラノコレクションの
エントリーシート、ようやく
まとまった〜！ あとは各社に
FAX送ればオッケー。
今日こそヘアサロンに行きたい。
当日予約ですべり込めないかなあ。

tank top:FilMelange for Ron Herman
pants:AG shoes:GIVENCHY
bag:ANTEPRIMA

9 / 05 FRIDAY

事務所に寄ったらパソコンに
ミラノのホテルのＰくんから
リマインドメールが届いてた。
フレンチスリーブシャツのボタンを
上までとめて、
ブローチみたいにビジューをオン！

shirt:LAPIS LUCE pants:BLANC basque
sandal:LOEFFLER RANDALL
bag:ANTEPRIMA

9 / 06 SATURDAY

グレーのグラデに
対比するゴールドをあえて差す。
昨日はパンツで今日はスカート。
気分はシルバー×ゴールド。
黒で締めるんじゃなくて光を入れる。
この強さが、今までにはない！

one-piece:BLANC basque
sandal:havaianas
bag:ANTEPRIMA

9 / 07 SUNDAY

AD（アートディレクター）のF氏に、ワインのおいしいお店に
連れていっていただく。
あえてエレガンスをTシャツで表現。
落ち感素材にエリクソンビーモン。
ビジューを加えると
Tシャツがブラウスになる！

t-shirt:VINCE camisole:GAP
pants:FRAME shoes:RENÉ CAOVILLA
bag:Anya Hindmarch

9 / 08 MONDAY

ベージュストール代わりにゴールド。
質感の違う光沢を重ねる。
ビジューとつまった襟もとの
コンビネーションは、ジャッキーの
パール使いの延長的ムード。
あの品のよさを、まねしたい。

one-piece:Alexander Wang
cardigan:Rie Miller shoes:Repetto
bag:Anya Hindmarch

9 / 09 TUESDAY

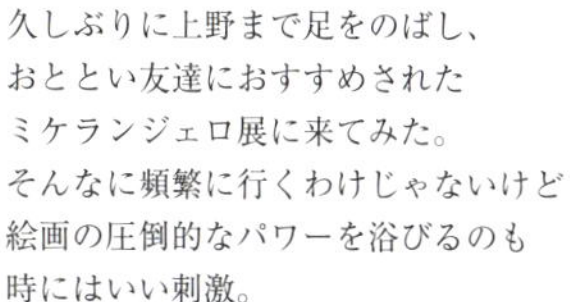

久しぶりに上野まで足をのばし、
おととい友達におすすめされた
ミケランジェロ展に来てみた。
そんなに頻繁に行くわけじゃないけど
絵画の圧倒的なパワーを浴びるのも
時にはいい刺激。

tank top:FilMelange for Ron Herman
cardigan:Rie Miller pants:Banana Republic
shoes:Repetto bag:ANTEPRIMA

9 / 10 WEDNESDAY

着心地抜群のグレーワンピで
二子玉川ショッピング。
機内持ち込み用の
ちっちゃいリモワのスーツケースを
ミラノ行きのために買い足す。
暑い日はワンピースがホント、楽。

one-piece:BLANC basque
tong:FABIO RUSCONI
bag:ANTEPRIMA

9 / 11 THURSDAY

H誌の編集長と銀座へ。
ホテルのランチコースなので、
バッグを預けてクラッチで席につく。
高級店の雰囲気を考えてパールに
さらにカーディガンの輝きを、
ジュエリー的にプラスして。

cardigan:Rie Miller blouse:ROPÉ mademoiselle
pants:Banana Republic shoes:L'Artigiano di Brera
white bag:J&M Davidson bag: Anya Hindmarch

9 / 12 FRIDAY

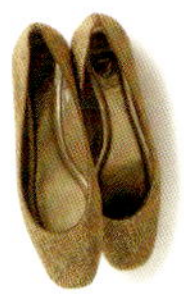

8月ならプリントバッグを
合わせてたところを、今は
メタリックなバッグ&シューズ。
小物が変わると着こなし全体の
ムードはがらっと変わる。
まだ暑いけど、モード感を上げたい！

shirt:L'Appartement
tank top:VINCE skirt:ZARA
shoes:RENÉ CAOVILLA bag:ANTEPRIMA

9 / 13 SATURDAY

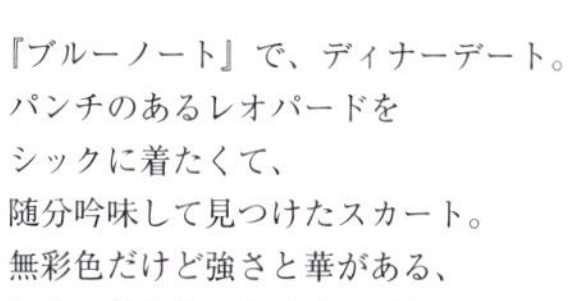

『ブルーノート』で、ディナーデート。
パンチのあるレオパードを
シックに着たくて、
随分吟味して見つけたスカート。
無彩色だけど強さと華がある、
こういう秋冬スタイルって旬。

shirt:DEUXIÈME CLASSE camisole:GAP
skirt:DEUXIÈME CLASSE
shoes:JIMMY CHOO bag:ANTEPRIMA

9 / 14 SUNDAY

白、黒、ブラウン。シンプルな
配色にサングラスやバッグで
主張をつける休日スタイル。
今日は買い出し行って、
耳慣らしにイタリア映画でも
借りて観ようかな〜。

black tank top:THE ROW
tank top:JAMES PERSE skirt:CARVEN
shoes:Repetto bag:ANTEPRIMA

9 / 15 MONDAY

9 / 16 TUESDAY

ミラノに持ってく食品類をお買い物。
いつも一緒に仕事する、
イタリア人カメラマン&
日本人コーディネーターの夫婦に、
彼らの好きな日本の食べ物をゲット。
特別なスカートをスポーティに着る。

parka:MUJIRUSHIRYOHIN
tank top:JAMES PERSE skirt:PRADA
shoes:Repetto bag:ANTEPRIMA

出発前最後の仕事、
某ブランドとのミーティングを終え
ちょっとカフェでコーヒーブレイク
しながらメールチェック。
各ブランドPRの滞在ホテルや
現地携帯の番号など情報を再確認。

knit:mai skirt:DEUXIÈME CLASSE
shoes:JIMMY CHOO
bag:ANTEPRIMA

9 / 17 WEDNESDAY

今日は早めに帰って
荷造りを仕上げなきゃ。
なんて思う間にも電話が鳴る。
出欠の最終確認、現地の天気情報。
冬素材のワンピを持ってくべきか、
夏素材のワンピにするべきか……。

shirt:DEUXIÈME CLASSE
knit:JIL SANDER skirt:ZARA
shoes:RENÉ CAOVILLA bag:ANTEPRIMA

Favorite Item 06 :

BRACELETS

私のお守り。
まったく雰囲気の違う
2種の一粒ダイヤブレスレット

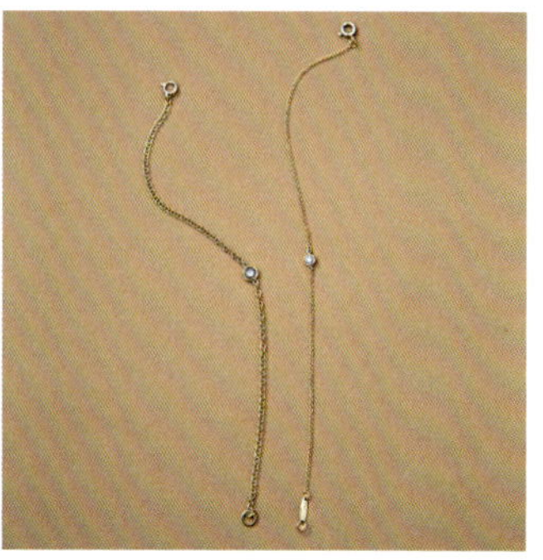

写真左がハム。右がティファニーのブレスレットです。チェーンに一粒ダイヤ。一見似たようなデザインだけど、醸し出すエネルギーが全然違います。ハムはグリーンがかったゴールドで、どこかヴィンテージっぽい。ティファニーは最高にキュート。二本重ねづけしたり、バラバラで使ったり。着こなしをまったくじゃましないので、私はこの小さなきらめきをお守り的によく身につけています。

9 / 18 THURSDAY

12:20すぎ、アリタリアに搭乗。
飛行機が苦手な私のために
「機内であけてね」と
彼がいつも用意してくれるのは本。
袋をあけると出てきたのは……
『イライラしない方法』って、おい！

cardigan:JOHN SMEDLEY tank top:Alexander Wang
camisole:UNIQLO pants:BACCA shoes:Repetto
bag:GOLDEN GOOSE carry case:RIMOWA

9 / 19 FRIDAY

到着し、まず最初のショーは
GUCCIから。
フリーダの提案するルックは、
いつ見てもワクワクする！
気になるスタイルや感じたことは
その瞬間にメモ帳に書きとめる。

one-piece:Alexander Wang
shoes:Repetto
bag:Anya Hindmarch

9 / 20 SATURDAY

コレクション中は、
オールブラックスタイルが基本。
自分からの発信をゼロにして
純粋に直観をキャッチしたいから。
ロケバスから、日本の甥っ子に
ハッピーバースデーメールを送る。

cardigan:sacai short pants:KiwaSylphy
shoes:GIVENCHY
bag:GOLDEN GOOSE

9 / 21 SUNDAY

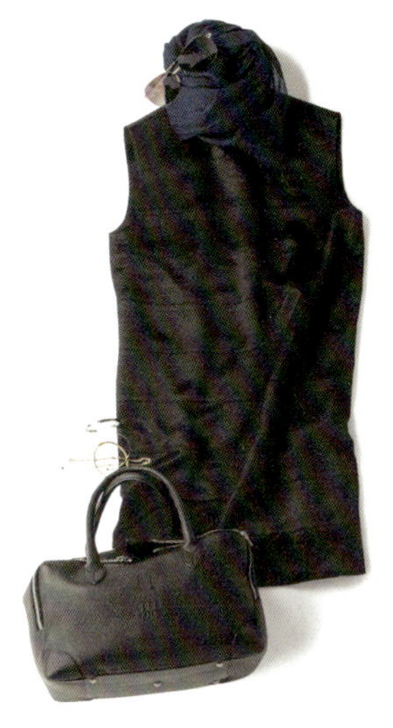

絶妙に形が可愛い、
シルクサテンのワンピの首もとに
タートルみたいにきゅっとストール。
ボッテガ、ロベルト カヴァリ、
ジルサンダー……。
合間には展示会回りとスナップ！

one-piece:Alexander Wang
shoes:GIVENCHY
bag:GOLDEN GOOSE

9 / 22 MONDAY

私の好きな形のタンクワンピ。
今日はシックな秋冬素材。
ソックスでショートブーツ風の
足もとに仕上げて、今日は取材後、
イタリアブランドの社長と会食。
イチジクに、生ハムに……美味！

one-piece:YOKO CHAN cardigan:sacai
shoes:GIUSEPPE ZANOTTI
bag:GOLDEN GOOSE

9 / 23 TUESDAY

疲れた日の午前中はメガネが楽。
いつも狙ってるロンドンのおしゃれ
ブロガーを発見。スナップしてたら、
いつの間にか開演ギリギリ！
自分のシートまでたどりつけない！
人垣の間から真剣に立ち見。

cardigan:sacai one-piece:Alexander Wang
shoes:GIUSEPPE ZANOTTI
bag:Anya Hindmarch

9 / 24 WEDNESDAY

昨日でメインのコレクションは終了。
ようやくミラノの街にふだんの表情が
戻ってきた。
石畳、コーヒーの香り、花屋さん……
エアリーブラウスとフラットシューズ。
ほんの少量、レオパードを効かせて。

blouse:Drawer pants:Drawer
shoes:PIERRE HARDY
bag:GOLDEN GOOSE

9 / 25 THURSDAY

ミニスカートっぽく見える
すごく柔らかいショートパンツと
いつものボーダー。足もとは上品で
スポーティなレザースニーカー。
自分らしくミラノを楽しむ服。
M誌の読者プレゼント探し。

cutsew:SAINT JAMES
short pants:KiwaSylphy
shoes:GIVENCHY bag:ANTEPRIMA

9 / 26

FRIDAY

読者プレゼント探し２日目。
腰まわりがゆるくて先細りの
モードなシルエットのパンツに、
ブラウスのようなとろみタンクトップ。
最近気分のフープピアスと靴で
やっぱりどこかエレガントな
私的ミラノスタイル。

blouse:MUSE pants:Drawer
shoes:PIERRE HARDY
bag:GOLDEN GOOSE

Map 03 : Favorite Shop in Milano

定宿からのお散歩コース、
コルソ ジェノバのお気に入りショップ

01:KITCHEN

使わなくても買わなくても、
見てるだけでもおもしろい！

名前どおり、果汁搾り機やパスタをゆでる用のスティックなど、可愛いキッチン用品がそろうお店。見てるだけでも可愛くってテンションが上がります。けっこう値段が高いので私はあまり買わないけど（笑）。でも通りかかるとつい中をのぞいちゃう。

05:SUPINO

みんなホール買いが基本！
手作りのケーキ屋さん

ショーケースにずらっと並んだたくさんのケーキを、地元の人が、お持たせや家庭用にどんどんホールで買っていく。この大胆さがさすがイタリア！　私もミラノで人の家に招かれた時に利用します。手作りで本当にあったかいおいしさです。

01:KITCHEN

Via Edomondo de Amicis

05:SUPINO

03:BIFFI

04:TREVISAN&CO.

02:CUCCHI

Corso Genova

Via Cesare de Sesto

03:BIFFI

ハイブランドも含めた
強気のスタイル提案

ミラノの有名セレクトショップのひとつ、ビッフィ。いつもディスプレイがおもしろくて注目しちゃいます。ステラマッカートニーやマルニもセレクトアイテムとして置かれていて、モード感たっぷりの提案。旬を感じにいくならこのショップ。

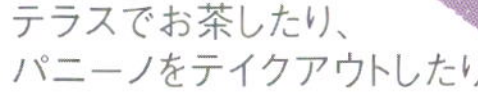

02:CUCCHI

テラスでお茶したり、
パニーノをテイクアウトしたり

お店で手作りしてるパニーノとコーヒーが本当に絶品。お店の前を通るだけでい〜い香りがします。コレクション中はゆっくりランチする時間がないので、ここでテイクアウトすることも多い。９月のミラノなら外でお茶するのも素敵。

04:TREVISAN&CO.

シックで気品ある
昔ながらのセレクトショップ

中に入ると、素敵なマダムとお兄さんがていねいかつファッションプロの目線で質の高い接客をしてくれます。ビッフィとはまたテイストの違う、クラシックなセレクトショップ。せっかくのミラノ、おしゃれなミラネーゼと直接交流するのも楽しい。

9 / 27 SATURDAY

詰まった襟もと。フィットしすぎず
ゆるすぎずのストンとした形。
レトロで絶妙なワンピにさらっと
リッチなストールを肩掛け。
カメラマンと一緒にカフェで
撮影した写真をチェック。

one-piece:Alexander Wang
shoes:PIERRE HARDY
bag:Anya Hindmarch

9 / 28 SUNDAY

とうとうミラノ滞在最終日。
ショーも展示会も人も見て、
人生をエンジョイすることに全力な
この街の空気をいっぱい吸って、
また新鮮な気持ちで
ファッションを楽しめそう。

cutsew:SAINT JAMES
pants:Drawer shoes:GIVENCHY
bag:ANTEPRIMA

9 / 29 MONDAY

Ciao, Milano!
マルペンサから成田へ、
また苦手な飛行機の時間(苦笑)。
シワにならず、きれいに見える
行きと同じドロストパンツが便利。
次に来るのは、来年２月かな。

knit:mai　pants:BACCA
shoes:Repetto　bag:GOLDEN GOOSE
carry case:RIMOWA

9 / 30 TUESDAY

日付変わって東京は30日。
とりあえず家に着いたら、
大事な服をクリーニングに持って
行きがてら、夕食の食材を買い出す。
そろそろ風が涼しくなって、
ファッションの秋がやってくる。

trainer:House of 950
pants:FRAME　shoes:Repetto
bag:ANTEPRIMA

183日が過ぎたら……
kyoko
xxx

epilogue

４月１日から９月30日まで。春夏の着こなし、いかがでしたか？
毎日あたりまえにしている、「服を選んで着る」ということ。
そこにこめられた、いろんな〝気分〟。
私の個人的ストーリーだけではなく、
同じ時代を生きる女性として、皆さんの日常にとっても、
共感できる物語、スタイルを
キャッチしていただけていたらうれしく思います。

私の私服スタイルを公開しているWebサイト「K.K closet」を、
立ち上げたのは２年くらい前のこと。
すべて私物のコーディネートをハイペースで公開し続ける
というのは初の試みで、まあいろいろなことがありました(笑)。
Webで生まれた手探りの企画から、
こうして一冊の本ができることになったのは、いつもページを
チェックしてくださるユーザーの皆さんのおかげです。
本当に、温かい応援をありがとうございます！
本には掲載しきれなかったアクセサリーや小物のブランド名は
Webサイトの特設ページで公開していますので、
よかったらぜひチェックしてみてください。
ほかにも制作舞台裏のリポートなど、
ちょっとしたお楽しみ企画も考えています。

そして、単行本は一年の後半へ続きます。
アウター、レイヤードスタイル、ブーツ……
おしゃれ大本命の秋冬編。
おそらく発売は、夏が過ぎ、風が涼しくなってきたころかな？
その時に、また会えることを願って！

公式Webサイト：http://kk-closet.com/

profile:Kyoko Kikuchi

菊池京子（きくち・きょうこ）
気のきいたベーシックスタイルから、トレンドのコーディネートまで、
幅広いスタイリングでリアルクローズの魅力を最大限に引き出す大人気スタイリスト。
女性誌や広告を中心に活躍し、掲載されたアイテムは次々に完売するなど
いくつもの逸話をもつ。

http://kk-closet.com/

この本のタイトルにもなっているK.K closetは、菊池さんが運営するファッションサイト。
ためになるアイテムが菊池京子のセンスで選ばれています。
お役立ち間違いなし！　ぜひクリックしてくださいね。

staff list

Photos : Seishi Takamiya (still)　K.S (model)　Art Direction&Design : Masashi Fujimura
Writing : Naoko Okazaki

K.K closet

スタイリスト菊池京子の365日
Spring—Summer

発行日　2014年3月31日　第1刷発行
　　　　2014年11月10日　第8刷発行

著者
菊池京子

発行人
石渡孝子

発行所
株式会社 集英社
〒101-8050 東京都千代田区一ツ橋2の5の10
編集部 03-3230-6390　販売部 03-3230-6393　読者係 03-3230-6080
印刷・製本／大日本印刷株式会社

 ISBN978-4-08-780713-4　C2076